EXCELÊNCIA EM SUPRIMENTOS
Desenvolvendo Capacidades Estratégicas para o setor

MARCELO CORRÊA CARAMEZ

Marcelo Corrêa Caramez

EXCELÊNCIA EM SUPRIMENTOS
DESENVOLVENDO CAPACIDADES ESTRATÉGICAS PARA O SETOR

Coordenação editorial:
Gilson Mello

Projeto gráfico:
Flórida Business Academy

Correção, revisão e copidesque:
Fabiana Mello

Direção Geral:
Gilson Mello

Todos os direitos reservados e protegidos pela Lei nº 9.610, de 19/02/1998.

É expressamente proibida a reprodução total ou parcial deste livro, por quaisquer meios (eletrônicos, mecânicos, fotográficos, gravação e outros), sem prévia autorização por escrito da editora.

Primeira edição 2024

Dados Internacionais de Catalogação na Publicação (CIP)
Corrêa Caramez, Marcelo
Excelência em suprimentos:
Desenvolvendo capacidades estratégicas para o setor
Marcelo Corrêa Caramez; Orlando-FL: Flórida Business Academy
Gestão, 2024.
124 p.
ISBN: 9798339551171
1. Gestão 2. Suprimentos. 3. Logística

Sumário

Prefácio -- 5

Introdução --- 11

Capítulo 1:

A Gestão de Suprimentos no Cenário Atual ----------------- 17

Capítulo 2:

Seleção e Desenvolvimento de Fornecedores -------------- 25

Capítulo 3:

Negociação Estratégica para a Redução de Custos --- 35

Capítulo 4:

Adoção de Tecnologias Inovadoras em Suprimentos --- 45

Capítulo 5:

Controle de Custos com Custeio Baseado em Atividades (ABC) -- 55

Capítulo 6:

Otimização de Processos Logísticos Offshore ---------------- 65

Capítulo 7:

Gerenciamento de Riscos na Cadeia de Suprimentos -- 75

Capítulo 8:

Medição e Análise de Desempenho -------------------------- 85

Capítulo 9:

Liderança e Gestão de Equipes em Suprimentos --------- 95

Capítulo 10:

Sustentabilidade e Responsabilidade na Cadeia de Suprimentos --- 105

Conclusão --- 115

Prefácio

Marcelo Corrêa Caramez

Ao longo da minha carreira, tive o privilégio de atuar em diversos setores da indústria, sempre com um foco constante: a gestão de suprimentos. Desde o início da minha trajetória, fui cativado pelos desafios e pelas oportunidades que essa área oferece. Trabalhando em operações offshore e onshore, tanto no Brasil quanto no exterior, percebi que a gestão de suprimentos desempenha um papel muito mais estratégico do que se imagina. Não se trata apenas de adquirir materiais ou negociar contratos; trata-se de como transformar essa função em uma verdadeira vantagem competitiva para a empresa.

Este livro nasce da minha paixão por essa área e da minha vontade de compartilhar com outros profissionais as lições que aprendi ao longo dos anos. Uma das coisas que mais me fascina na gestão de suprimentos é a sua constante evolução. Há algumas décadas, a função era vista como uma atividade meramente operacional, focada na compra e na logística. No entanto, hoje, ela se tornou um elemento crucial para a eficiência, a redução de custos e o sucesso de projetos de grande complexidade — como os do setor de energia e petróleo, nos quais tive a honra de atuar.

A minha experiência prática como gestor de suprimentos em empresas internacionais e em projetos de grande escala me permitiu observar, testar e implementar diversas estratégias. Ao longo deste livro, vou compartilhar exemplos que ilustram como uma abordagem prática, inovadora e estratégica na gestão de suprimentos pode gerar resultados mensuráveis, como a redução de custos, a otimização de processos e o fortalecimento das relações com fornecedores.

Acredito que a gestão de suprimentos pode e deve ser uma área de inovação, melhoria contínua e impacto positivo nos resultados de qualquer organização. Espero que as experiências e insights compartilhados aqui possam inspirar outros profissionais a desenvolver uma abordagem estratégica e eficiente para suas cadeias de suprimentos, contribuindo assim para o sucesso de seus projetos e negócios.

Marcelo Corrêa Caramez

Marcelo Corrêa Caramez

Introdução

Marcelo Corrêa Caramez

A gestão de suprimentos evoluiu significativamente ao longo das últimas décadas, passando de uma função operacional para uma peça-chave no desenvolvimento de estratégias competitivas de negócios. Em um mundo globalizado, com mercados voláteis e operações cada vez mais complexas, tornou-se fundamental transformar a gestão de suprimentos em um diferencial competitivo. Hoje, mais do que nunca, a capacidade de gerenciar eficientemente a cadeia de suprimentos pode determinar o sucesso ou fracasso de projetos, especialmente em setores desafiadores como o de energia e petróleo.

Ao longo dos anos, observei de perto como a excelência em suprimentos pode transformar operações. Eficiência, redução de custos, inovação e sustentabilidade são alguns dos benefícios que uma gestão estratégica de suprimentos pode proporcionar. No entanto, muitos profissionais ainda enfrentam dificuldades para alcançar esses resultados, seja por falta de conhecimento, experiência ou pela falta de integração entre a gestão de suprimentos e os objetivos estratégicos da empresa.

Este livro foi concebido justamente para preencher essa lacuna. Ao longo dos capítulos, apresentarei uma abordagem prática para a gestão de suprimentos, oferecendo estratégias concretas, metodologias testadas e exemplos reais que permitem compreender como essa área pode se tornar uma vantagem competitiva. O objetivo é fornecer ferramentas e insights práticos para que profissionais consigam desenvolver suas capacidades, enfrentar os desafios diários de suas operações e, acima de tudo, alcançar a excelência em suas cadeias de suprimentos.

O leitor encontrará uma variedade de temas, desde a seleção de fornecedores até o uso de tecnologias inovadoras, gestão de custos e sustentabilidade. Cada capítulo aborda um problema específico e apresenta soluções práticas e aplicáveis. A intenção é proporcionar um guia que não apenas teórico, mas também uma fonte de conhecimento que possa ser aplicada no dia a dia para a transformação da gestão de suprimentos em uma área estratégica e de impacto direto nos resultados dos negócios.

Com as constantes mudanças no mercado global, a busca por melhorias na gestão de suprimentos é uma jornada contínua. Espero que este livro seja uma referência para todos os que desejam se aprofundar nesse tema e estejam prontos para transformar suas operações, melhorar processos e, acima de tudo, construir uma cadeia de suprimentos que contribua para o sucesso e a sustentabilidade de suas organizações.

Marcelo Corrêa Caramez

Capítulo 1
A Gestão de Suprimentos no Cenário Atual

Marcelo Corrêa Caramez

Nos últimos anos, a gestão de suprimentos passou por uma transformação significativa, especialmente em setores como energia e petróleo, onde a pressão por eficiência e competitividade é constante. Uma das maiores mudanças observadas foi a transição de uma função operacional, focada apenas em aquisição e distribuição de materiais, para um elemento estratégico fundamental para o sucesso da empresa. Entretanto, muitos profissionais ainda têm dificuldade em compreender como a gestão de suprimentos pode agregar valor real e se tornar um diferencial competitivo.

O principal problema enfrentado é a falta de entendimento do papel estratégico da gestão de suprimentos e sua integração com os objetivos gerais da empresa. Quando essa integração não ocorre, a área de suprimentos acaba sendo tratada de forma reativa, lidando apenas com questões imediatas, como pedidos de materiais e negociações pontuais. Isso resulta em operações ineficientes, custos elevados e falta de alinhamento com as metas corporativas.

Para mudar essa realidade, a gestão de suprimentos precisa ser transformada em uma função estratégica, com objetivos claros, processos eficientes e, principalmente, alinhada com a estratégia de negócio da empresa. A seguir, apresento três pontos práticos que ajudam a resolver essa questão:

1. Enxergar a Gestão de Suprimentos como Função Estratégica

Uma mudança de mentalidade é essencial para transformar a gestão de suprimentos. Isso significa reconhecer que essa área vai além de processos transacionais e está diretamente ligada ao sucesso da empresa. A equipe de suprimentos deve ter uma visão abrangente do negócio, compreendendo como suas ações afetam a eficiência operacional, os custos e até mesmo a imagem da empresa no mercado. Essa mudança de percepção começa com a conscientização de todos os níveis hierárquicos, desde a alta liderança até a equipe operacional, de que a gestão de suprimentos é um parceiro estratégico para alcançar objetivos corporativos.

2. Alinhamento com a Estratégia Corporativa

Para que a gestão de suprimentos seja de fato estratégica, é necessário que seus objetivos estejam alinhados com a visão e as metas da empresa. Isso requer uma análise aprofundada do planejamento estratégico do negócio e a definição de metas claras para a área de suprimentos, que podem incluir redução de custos, melhoria de prazos de entrega, sustentabilidade, entre outros. É preciso criar mecanismos para que a gestão de suprimentos esteja constantemente contribuindo para o crescimento e a competitividade da empresa. Por exemplo, se a empresa está focada em inovação e agilidade no mercado, a equipe de suprimentos deve buscar fornecedores que ofereçam tecnologias de ponta e processos flexíveis.

3. Desenvolvimento de Habilidades Analíticas e Tecnológicas

A transformação da gestão de suprimentos em uma área estratégica passa pelo desenvolvimento de habilidades analíticas e tecnológicas. Com o aumento da complexidade dos mercados globais, a equipe de suprimentos deve ser capaz de analisar dados, identificar tendências e tomar decisões baseadas em informações concretas. Ferramentas de análise de dados e sistemas integrados de gestão são essenciais para monitorar custos, desempenho de fornecedores e fluxos de materiais. Ao investir no desenvolvimento dessas habilidades e no uso de tecnologias modernas, a equipe de suprimentos estará mais preparada para identificar oportunidades de melhoria e reagir rapidamente a mudanças no mercado.

A gestão de suprimentos, quando tratada como uma função estratégica, pode trazer enormes benefícios para a empresa, como redução de custos, melhoria da eficiência operacional e maior competitividade. Isso exige uma mudança de mentalidade e uma abordagem proativa, que integre os objetivos da área de suprimentos com a estratégia geral do negócio. Ao desenvolver habilidades analíticas, adotar novas tecnologias e alinhar seus processos com as metas corporativas, os profissionais de suprimentos podem transformar essa área em um verdadeiro diferencial competitivo, trazendo valor tangível para a empresa e garantindo seu sucesso em um ambiente de negócios cada vez mais desafiador e dinâmico.

Marcelo Corrêa Caramez

Capítulo 2
Seleção e Desenvolvimento de Fornecedores

Marcelo Corrêa Caramez

Um dos maiores desafios na gestão de suprimentos é a escolha adequada de fornecedores. Essa seleção não é apenas uma questão de obter o menor preço ou garantir prazos de entrega. Ela envolve avaliar diversos fatores que podem impactar diretamente o sucesso de uma operação, como qualidade dos materiais, confiabilidade do fornecedor, e a capacidade de inovação e adaptação ao mercado. A dependência de fornecedores não qualificados pode resultar em uma série de problemas como atrasos nos prazos de entrega, inconsistência na qualidade dos materiais e aumento nos custos operacionais devido à necessidade de retrabalhos ou aquisição de materiais de última hora.

No setor offshore, por exemplo, o impacto da má escolha de fornecedores é ainda mais crítico. A logística dessas operações é extremamente complexa, o que torna a confiabilidade e a pontualidade do fornecimento fatores essenciais. Problemas como a entrega de materiais inadequados ou fora dos padrões especificados podem causar interrupções significativas na produção, perda de tempo e custos extras. Dessa forma, a seleção e o desenvolvimento de fornecedores adequados são cruciais para assegurar que toda a cadeia de suprimentos funcione de maneira eficiente e integrada, contribuindo para o sucesso do negócio.

Para resolver esse problema, a gestão de suprimentos deve adotar uma abordagem estratégica na seleção e desenvolvimento de fornecedores, focando não apenas no custo imediato, mas também na qualidade, confiabilidade e valor a longo prazo que cada fornecedor pode trazer para a organização. A seguir, são discutidos três pontos práticos para enfrentar esse desafio de forma efetiva:

1. Avaliação de Desempenho dos Fornecedores

A implementação de um sistema de avaliação contínua de fornecedores é uma prática essencial para assegurar que eles atendam aos padrões esperados de qualidade e eficiência. Isso pode ser feito através do desenvolvimento de Indicadores-Chave de Desempenho (KPIs) que permitam medir e monitorar aspectos críticos como qualidade do produto, pontualidade na entrega, flexibilidade, inovação, atendimento ao cliente e custo total de propriedade.

Esses KPIs devem ser revisados regularmente para garantir que reflitam as necessidades do negócio e os padrões de mercado. Uma abordagem eficaz é utilizar um sistema de pontuação ou matriz de avaliação que considere diferentes critérios e que permita comparar fornecedores de forma objetiva. Por exemplo, ao avaliar a qualidade dos materiais fornecidos, pode-se analisar a taxa de rejeição, consistência nas especificações e conformidade com as normas técnicas. A pontualidade de entrega pode ser mensurada pelo tempo médio de atraso ou cumprimento de prazos acordados.

Além disso, a avaliação de desempenho não deve ser um processo passivo. Deve-se fornecer feedback contínuo aos fornecedores sobre seu desempenho, identificando áreas de melhoria e reconhecendo seus pontos fortes. Isso cria uma relação de transparência e colaboração, ajudando os fornecedores a entender as expectativas da empresa e a se alinharem melhor aos seus objetivos.

2. Desenvolvimento de Parcerias de Longo Prazo

A relação entre empresa e fornecedor deve ser vista como uma parceria estratégica, e não apenas como uma transação comercial pontual. Investir no desenvolvimento de parcerias de longo prazo pode trazer uma série de benefícios, como estabilidade na cadeia de suprimentos, melhoria contínua de produtos e processos, e desenvolvimento conjunto de soluções inovadoras para atender às necessidades do mercado.

Uma abordagem colaborativa com fornecedores pode resultar em melhores condições comerciais, maior flexibilidade para atender demandas inesperadas, e até mesmo em programas de redução de custos conjuntos, como otimização de embalagens, logística e processos de produção. Para construir essas parcerias, é fundamental investir tempo e recursos em compreender o negócio do fornecedor, seus processos produtivos, capacidade tecnológica e desafios enfrentados. Isso permite identificar sinergias e oportunidades para melhorar a eficiência e inovação conjuntamente.

A transparência e a comunicação aberta são fatores-chave para o sucesso dessas parcerias. Acordos que definam claramente os objetivos, expectativas, prazos e responsabilidades de ambas as partes ajudam a estabelecer uma base sólida para a cooperação e para a resolução de conflitos de forma rápida e eficaz. Em vez de trocar de fornecedor ao primeiro sinal de problema, o desenvolvimento de uma parceria de longo prazo permite trabalhar juntos para encontrar soluções e melhorias, criando uma relação de confiança mútua que beneficia ambos os lados.

3. Programa de Qualificação e Treinamento de Fornecedores

Em muitos casos, um fornecedor pode ter o potencial para atender às expectativas da empresa, mas precisa de apoio para melhorar seus processos e produtos. É aí que entra a importância de programas de qualificação e treinamento de fornecedores, que podem incluir visitas técnicas, auditorias, capacitação em normas de qualidade, sustentabilidade e gestão de processos.

Esses programas ajudam a alinhar os fornecedores aos padrões e exigências da empresa, promovendo melhorias na qualidade dos materiais fornecidos, na eficiência de entrega e no alinhamento com objetivos de inovação e sustentabilidade. Um programa de qualificação deve incluir etapas claras de avaliação, treinamento e certificação, com metas específicas para garantir que o fornecedor atinja os níveis de desempenho esperados.

Por exemplo, uma empresa do setor offshore pode oferecer treinamento para seus fornecedores em relação a padrões de segurança, controle de qualidade e compliance, garantindo que os materiais fornecidos atendam aos requisitos críticos para operações seguras e eficientes. A qualificação de fornecedores pode ser uma oportunidade para a empresa melhorar não apenas a qualidade dos suprimentos recebidos, mas também para fomentar relações mais fortes, baseadas na confiança e na cooperação contínua.

Esses programas também devem considerar o desenvolvimento de fornecedores locais, que podem oferecer benefícios como redução de custos logísticos e maior agilidade na entrega de materiais. A capacitação de fornecedores locais pode incluir apoio técnico, desenvolvimento de competências e compartilhamento de melhores práticas.

A seleção criteriosa e o desenvolvimento contínuo de fornecedores são pilares fundamentais para garantir a eficiência, a qualidade e a competitividade da cadeia de suprimentos. Uma abordagem estratégica que valorize a avaliação de desempenho, o estabelecimento de parcerias de longo prazo e o desenvolvimento de programas de qualificação e treinamento não apenas melhora os resultados operacionais, mas também gera valor para toda a cadeia de suprimentos. Em última análise, construir relacionamentos sólidos com fornecedores capacitados não apenas reduz custos e riscos, mas também contribui para a inovação e para a sustentabilidade do negócio a longo prazo. Ao investir em uma abordagem proativa e colaborativa, a gestão de suprimentos se torna um fator de sucesso crucial para operações cada vez mais complexas e desafiadoras.

Capítulo 3
Negociação Estratégica para a Redução de Custos

Marcelo Corrêa Caramez

A negociação é uma das competências mais importantes para qualquer profissional de suprimentos. No entanto, quando realizada de forma inadequada, a negociação pode resultar em contratos desfavoráveis, prejudicando a eficiência operacional e aumentando os custos. Um contrato mal negociado pode não apenas aumentar despesas desnecessárias, mas também limitar a flexibilidade da empresa, criar conflitos com fornecedores e comprometer a qualidade dos materiais ou serviços adquiridos.

No cenário atual, as empresas precisam de uma abordagem estratégica para negociar contratos que maximizem o valor e assegurem parcerias de longo prazo vantajosas. A negociação eficaz deve ir além do preço, considerando fatores como prazos de entrega, qualidade dos produtos ou serviços, flexibilidade para ajustes e possíveis acordos de suporte pós-venda. Ao focar apenas na redução de custos imediatos, as empresas muitas vezes negligenciam outros elementos que afetam significativamente o sucesso da cadeia de suprimentos a longo prazo.

Para resolver esses problemas, é essencial que as empresas adotem práticas que contribuam para uma negociação mais estratégica e orientada para o valor. Abaixo estão três soluções práticas que podem ser aplicadas para otimizar as negociações com fornecedores e, assim, reduzir custos e melhorar a eficiência operacional.

1. Preparação Detalhada para Negociações

Uma negociação bem-sucedida começa com uma preparação detalhada. Conhecer bem o mercado, as capacidades dos fornecedores e as necessidades específicas da empresa é o primeiro passo para alcançar acordos vantajosos. Isso requer uma análise aprofundada de diversos fatores, tais como a situação atual do mercado de suprimentos (oferta e demanda), custos de matéria-prima, alternativas de fornecedores e condições econômicas.

Além disso, é importante ter um claro entendimento das necessidades específicas da empresa, como volumes de compra, padrões de qualidade e prazos de entrega. A partir dessa análise, a equipe de suprimentos deve definir seus objetivos e limites para a negociação. Isso inclui ter em mente quais concessões podem ser feitas e quais são inegociáveis, estabelecendo também os "must-haves" e "nice-to-haves" para o contrato.

Outra ferramenta fundamental é a análise SWOT (forças, fraquezas, oportunidades e ameaças) de cada fornecedor, ajudando a identificar as melhores oportunidades para negociação e possíveis riscos. Essa preparação permitirá que a equipe de suprimentos entre na negociação com uma visão clara e uma estratégia bem definida, aumentando suas chances de alcançar um acordo vantajoso para ambas as partes.

2. Foco em Valor, Não Apenas Preço

Embora o preço seja um fator importante nas negociações, a abordagem mais eficaz é focar no valor agregado que um contrato pode oferecer. Isso significa considerar não apenas o custo imediato, mas também outros aspectos que afetam diretamente a operação e os resultados da empresa, como a qualidade dos materiais, prazos flexíveis de entrega, condições de pagamento e serviços adicionais como suporte técnico e manutenção.

Negociações baseadas em valor buscam criar contratos que ofereçam benefícios a longo prazo para ambas as partes. Por exemplo, acordos que incluam garantias de qualidade, assistência pós-venda, entrega just-in-time ou preços estáveis durante um período específico podem agregar valor significativo para a empresa, reduzindo riscos e custos operacionais. Uma negociação que foca apenas na redução de preços pode levar a concessões que impactam negativamente a qualidade ou a confiabilidade do fornecimento, gerando custos adicionais e perdas de eficiência ao longo do tempo.

Uma boa prática é realizar uma análise do custo total de propriedade (TCO), que inclui todos os custos associados a uma aquisição, desde o preço inicial até custos de transporte, manutenção, armazenamento e até descarte. Essa abordagem oferece uma visão mais ampla de como os diferentes elementos de um contrato impactam o valor geral para a empresa, permitindo que a negociação se concentre em fatores que realmente agreguem valor.

3. Construção de Relacionamentos Sólidos

Negociações eficazes não são apenas transações pontuais; elas são o início de relações de longo prazo que podem beneficiar ambas as partes. A construção de relacionamentos sólidos com fornecedores é fundamental para criar um ambiente de confiança e transparência, que facilitará futuras negociações e permitirá encontrar soluções colaborativas para desafios que possam surgir.

Um relacionamento forte com fornecedores permite que a empresa obtenha melhores condições comerciais, como prazos de pagamento mais flexíveis, entregas prioritárias em momentos de alta demanda ou até mesmo acesso a novas tecnologias e produtos. A chave para construir esses relacionamentos é a comunicação contínua, o respeito mútuo e a disposição para resolver problemas em conjunto.

Para isso, as empresas devem adotar uma abordagem de parceria estratégica, em que a negociação não é vista como uma disputa, mas sim como uma colaboração para alcançar objetivos comuns. A prática de reuniões regulares de revisão de desempenho, programas de melhoria contínua e incentivos para o bom desempenho são algumas maneiras de fortalecer a parceria com fornecedores. Dessa forma, a negociação torna-se uma ferramenta para construir uma cadeia de suprimentos mais resiliente e eficiente, com benefícios mútuos para todos os envolvidos.

Uma abordagem estratégica para a negociação com fornecedores é essencial para alcançar contratos mais vantajosos, que não apenas reduzam custos, mas também agreguem valor à cadeia de suprimentos e garantam eficiência operacional. A preparação detalhada, focada no conhecimento do mercado e nas necessidades da empresa, é a base para qualquer negociação bem-sucedida. Além disso, a busca por valor, considerando aspectos além do preço, assegura contratos que beneficiam a empresa a longo prazo. Por fim, a construção de relacionamentos sólidos e colaborativos com fornecedores estabelece uma base de confiança e parceria, facilitando futuras negociações e promovendo uma cadeia de suprimentos mais forte e eficaz.

Ao aplicar essas estratégias, as empresas podem transformar suas negociações em oportunidades para melhorar processos, reduzir custos e fortalecer sua cadeia de suprimentos, garantindo uma operação mais eficiente e competitiva. Assim, a negociação estratégica se consolida como uma ferramenta essencial para o sucesso de qualquer empresa que queira se destacar em um mercado cada vez mais dinâmico e exigente.

Capítulo 4
Adoção de Tecnologias Inovadoras em Suprimentos

Marcelo Corrêa Caramez

Na era da transformação digital, a eficiência e o sucesso da gestão de suprimentos dependem cada vez mais da capacidade de adotar tecnologias inovadoras. Processos manuais e sistemas desconectados não só são suscetíveis a erros e atrasos, mas também limitam a capacidade de tomar decisões estratégicas informadas. A falta de integração entre pedidos, controle de estoque, finanças e contratos pode gerar perda de informações valiosas, desperdício de tempo e recursos, e até mesmo o aumento de custos operacionais.

O setor de suprimentos lida diariamente com uma série de desafios que vão desde a necessidade de reduzir custos e melhorar prazos de entrega até o cumprimento de padrões de qualidade e regulatórios. Quando esses desafios são tratados de forma manual ou desconectada, a gestão de suprimentos torna-se uma área reativa, lutando para corrigir erros e responder a problemas à medida que eles surgem. No entanto, ao adotar tecnologias inovadoras, as empresas podem transformar suas operações de suprimentos em um processo proativo, eficiente e estrategicamente integrado.

A seguir discutiremos três soluções práticas para superar os desafios dos processos manuais e sistemas desconectados, mostrando como a automação, a análise de dados e a integração de sistemas podem impulsionar a eficiência, a redução de custos e a tomada de decisões estratégicas.

1. Automação de Processos de Suprimentos

A automação é uma das principais estratégias para eliminar a ineficiência e os erros causados por processos manuais. Sistemas de automação de suprimentos permitem que atividades como pedidos, controle de estoque, gestão de contratos e acompanhamento de entregas sejam realizados de forma ágil e precisa. Isso não só reduz a necessidade de trabalho manual, como também diminui o tempo de processamento e minimiza a ocorrência de erros humanos.

Um exemplo prático é a implementação de um sistema de gestão de pedidos automatizado, onde a solicitação de materiais ou serviços é feita através de um software que segue fluxos de aprovação pré-definidos e comunica diretamente com os fornecedores. Dessa forma, processos que antes levavam dias para serem concluídos podem ser feitos em minutos. Além disso, a automação pode incluir o rastreamento de pedidos em tempo real, permitindo que a equipe de suprimentos saiba exatamente quando os materiais serão entregues e se haverá algum atraso.

A automação também é crucial para o controle de estoque. Sistemas inteligentes de gestão de estoque podem prever a necessidade de reabastecimento com base em padrões de consumo, vendas e ciclos sazonais, garantindo que os produtos certos estejam disponíveis no momento certo, evitando excesso de estoque ou falta de materiais críticos. Contratos também podem ser gerenciados de forma mais eficiente através da automação, que facilita o acompanhamento de prazos de vencimento, cláusulas específicas e requisitos de compliance.

2. Uso de Ferramentas de Análise de Dados

A análise de dados é outra peça fundamental para a transformação digital na gestão de suprimentos. Com o uso de ferramentas analíticas, as empresas podem monitorar e avaliar seus processos em tempo real, identificar tendências e padrões, prever demandas e tomar decisões mais rápidas e precisas. Isso torna a cadeia de suprimentos mais ágil e responsiva às mudanças do mercado.

Um dos benefícios mais importantes da análise de dados é a possibilidade de monitorar custos detalhadamente. Por exemplo, a utilização de dashboards e relatórios analíticos permite que a equipe de suprimentos acompanhe o custo total de propriedade (TCO) de produtos e serviços adquiridos, identificando oportunidades de economia e melhorando a eficiência operacional. A análise preditiva, por sua vez, pode ser utilizada para prever padrões de consumo e demanda, ajudando a planejar pedidos com antecedência, negociar condições mais favoráveis com fornecedores e evitar a falta de materiais críticos.

Outra aplicação prática das ferramentas de análise de dados é a avaliação de desempenho de fornecedores. Ao monitorar indicadores-chave de desempenho (KPIs), como qualidade dos materiais entregues, pontualidade e custo total, as empresas podem identificar quais fornecedores estão alinhados com seus objetivos de eficiência e quais necessitam de melhorias. Esse monitoramento contínuo permite que a empresa tome decisões informadas sobre manter, substituir ou desenvolver seus fornecedores, garantindo uma cadeia de suprimentos mais forte e confiável.

3. Integração de Sistemas de TI

A integração de sistemas de TI é a chave para garantir que todas as partes da cadeia de suprimentos trabalhem de forma coesa e sincronizada. Conectar sistemas de ERP (Enterprise Resource Planning), gerenciamento de estoque, finanças e compras cria uma visão integrada de todos os processos de suprimentos, permitindo um fluxo de informações eficiente e uma coordenação mais eficaz.

Ao integrar sistemas, elimina-se a necessidade de entrada de dados manual em diferentes plataformas, reduzindo erros e aumentando a velocidade de processamento. Por exemplo, quando um pedido é feito em um sistema de compras, a informação é automaticamente transferida para o sistema de estoque, finanças e entrega, garantindo que todos os departamentos estejam alinhados e tenham acesso a informações atualizadas. Isso melhora a visibilidade e a rastreabilidade dos processos, permitindo que a equipe de suprimentos tenha uma visão completa de todas as etapas, desde o pedido até a entrega e pagamento.

Além disso, a integração de sistemas permite a criação de relatórios e análises de forma rápida e precisa, reunindo dados de diferentes fontes para oferecer insights valiosos para a tomada de decisões estratégicas. A integração também facilita o gerenciamento de riscos, uma vez que permite identificar problemas ou gargalos na cadeia de suprimentos em tempo real, agilizando a resolução e evitando impactos maiores nas operações.

A adoção de tecnologias inovadoras é um dos elementos mais importantes para transformar a gestão de suprimentos em uma área estratégica e eficiente. A automação de processos reduz erros, acelera o fluxo de trabalho e melhora a precisão das informações. As ferramentas de análise de dados fornecem insights valiosos para o monitoramento de custos, desempenho de fornecedores e previsão de demanda, permitindo uma tomada de decisão mais rápida e informada. Finalmente, a integração de sistemas de TI garante que todos os processos da cadeia de suprimentos estejam sincronizados, aumentando a eficiência e a visibilidade de ponta a ponta.

Ao adotar essas tecnologias, as empresas conseguem otimizar seus processos de suprimentos, reduzir custos, melhorar a qualidade e eficiência operacional e, mais importante, ter uma visão estratégica que as coloca à frente da concorrência. A tecnologia não é apenas uma ferramenta para simplificar processos; é um motor para inovação e transformação da gestão de suprimentos, tornando-a mais ágil, eficiente e preparada para os desafios de um mercado em constante evolução.

Capítulo 5
Controle de Custos com Custeio Baseado em Atividades (ABC)

Marcelo Corrêa Caramez

A gestão eficiente de custos é fundamental para qualquer empresa, mas em operações complexas como projetos offshore, onde os custos operacionais são elevados, o controle preciso de gastos se torna ainda mais crítico. A falta de um sistema adequado para identificar, analisar e otimizar custos leva a uma alocação ineficiente de recursos, o que impacta diretamente a lucratividade e a sustentabilidade dos projetos. Uma das abordagens mais eficazes para entender e controlar os custos é o método de Custeio Baseado em Atividades (ABC), que permite uma análise detalhada de onde e como os recursos são consumidos, proporcionando uma base sólida para decisões estratégicas de alocação de recursos.

O método ABC difere das metodologias tradicionais de custeio porque, em vez de apenas distribuir custos indiretos com base em critérios gerais, como horas trabalhadas ou volume de produção, ele identifica cada atividade dentro da operação e atribui custos de forma precisa a essas atividades. Isso possibilita uma visão mais realista de quais processos são mais onerosos e onde é possível encontrar oportunidades de economia e eficiência.

Este capítulo abordará três etapas essenciais para a implementação do método ABC na gestão de suprimentos e operações: a identificação e classificação de atividades, a análise detalhada de custos, e o redirecionamento de recursos para maximizar eficiência e reduzir despesas.

1. Identificação e Classificação de Atividades

O primeiro passo para aplicar o método ABC é mapear todas as atividades que compõem a operação, incluindo todas as tarefas que consomem recursos — desde o processo de compras até a entrega final do produto ou serviço. Cada atividade deve ser identificada e classificada em categorias específicas, como transporte, armazenamento, inspeção, fabricação e administração. O objetivo é entender o que está sendo feito em cada parte do processo e como essas atividades consomem recursos financeiros, materiais e de pessoal.

Esse mapeamento detalhado permite que a equipe de gestão compreenda onde os recursos estão sendo alocados e como cada atividade contribui para o custo total do projeto. Por exemplo, em operações offshore, pode-se identificar atividades como o transporte de materiais para plataformas, manutenção de equipamentos, inspeção de qualidade e gestão de inventário, cada uma delas com seus próprios custos associados.

A classificação adequada das atividades é crucial para uma análise precisa. Elas podem ser categorizadas como atividades diretas (que têm uma relação direta com a produção ou entrega de um serviço) e atividades indiretas (como suporte administrativo ou logística), fornecendo uma visão clara de como os custos são distribuídos e como cada atividade impacta o resultado final.

2. Análise Detalhada de Custos

Uma vez que todas as atividades foram identificadas e classificadas, o próximo passo é aplicar o método ABC para analisar detalhadamente os custos. Essa análise envolve calcular o custo de cada atividade, considerando fatores como tempo, mão de obra, equipamentos, materiais e outros recursos consumidos. Ao contrário de métodos de custeio tradicionais que alocam custos de maneira geral, o ABC proporciona uma visão granular de onde exatamente os custos estão sendo gerados.

O método ABC permite que os gestores identifiquem atividades que consomem recursos de maneira desproporcional ao seu valor agregado. Por exemplo, uma atividade de transporte que possui altos custos e ocorre frequentemente pode ser uma área de atenção para otimização. Da mesma forma, tarefas que requerem mão de obra intensiva, mas que não agregam diretamente ao produto final, podem ser analisadas para encontrar alternativas mais eficientes ou automatizá-las.

Além disso, o método ABC facilita a comparação de custos entre diferentes atividades ou departamentos, identificando quais áreas apresentam maiores oportunidades para redução de custos. Essa análise permite que a equipe de gestão de suprimentos compreenda quais atividades têm um custo elevado em relação ao seu impacto e, assim, direcionem seus esforços para otimizações específicas.

3. Redirecionamento de Recursos

Com as informações detalhadas fornecidas pelo método ABC, a empresa está pronta para redirecionar recursos de forma mais eficiente. Isso significa que as decisões de alocação de recursos — sejam financeiros, materiais ou humanos — são baseadas em dados concretos sobre o custo e o valor de cada atividade. O objetivo é maximizar a eficiência e reduzir despesas, direcionando recursos para atividades que realmente agregam valor ao negócio.

Por exemplo, ao identificar que uma atividade como a manutenção de equipamentos offshore tem um custo elevado devido à falta de planejamento preventivo, a empresa pode implementar um programa de manutenção preventiva para reduzir custos e evitar interrupções. Da mesma forma, se a análise mostrar que a armazenagem de materiais está gerando altos custos devido a um gerenciamento de inventário ineficiente, é possível adotar estratégias para otimizar o espaço de armazenagem e reduzir os níveis de estoque.

O redirecionamento de recursos com base no método ABC não só reduz custos operacionais, mas também melhora a qualidade, os prazos de entrega e a eficiência geral da cadeia de suprimentos. A visão clara de onde os recursos estão sendo consumidos e como eles podem ser realocados para gerar mais valor permite que a gestão de suprimentos tenha um impacto direto na lucratividade e no sucesso dos projetos.

O método de Custeio Baseado em Atividades (ABC) é uma ferramenta poderosa para controlar custos e otimizar a gestão de recursos, especialmente em operações complexas como projetos offshore. Ao mapear atividades e analisar custos detalhadamente, o ABC fornece uma visão clara e precisa de como os recursos estão sendo alocados e onde há oportunidades para melhorias. Essa abordagem permite que as empresas tomem decisões estratégicas informadas, redirecionando recursos para atividades que realmente agregam valor e eliminando desperdícios.

A aplicação do método ABC ajuda a transformar a gestão de suprimentos e operações em uma área mais eficiente, orientada para resultados e capaz de gerar economia significativa. Ao maximizar a eficiência e reduzir despesas, as empresas conseguem melhorar sua competitividade, reduzir riscos e, em última análise, aumentar a lucratividade dos projetos. Portanto, o método ABC não é apenas uma prática contábil ou financeira, mas sim uma estratégia de gestão que impacta diretamente o desempenho e a sustentabilidade dos negócios.

Marcelo Corrêa Caramez

Capítulo 6
Otimização de Processos Logísticos Offshore

Marcelo Corrêa Caramez

A logística é um componente crucial de qualquer operação offshore, pois o transporte de materiais, equipamentos e pessoal para locais remotos, como plataformas petrolíferas ou instalações marítimas, apresenta desafios únicos. Uma logística inadequada pode resultar em atrasos significativos, desperdício de recursos, interrupções nas operações e, consequentemente, um aumento substancial nos custos operacionais. Esses problemas são agravados pelo ambiente desafiador do offshore, onde fatores como condições climáticas, distâncias longas e espaço de armazenagem limitado complicam ainda mais os processos logísticos.

Otimizar a logística offshore é fundamental para garantir que materiais e recursos cheguem ao local certo, na hora certa e com o custo certo. Isso requer um planejamento cuidadoso, uma coordenação eficiente de transporte e armazenamento e o uso de tecnologias de rastreamento e gerenciamento em tempo real. Neste capítulo, vamos explorar três estratégias práticas para otimizar a logística em operações offshore, abordando desde o planejamento de rotas e estoque até o uso de ferramentas tecnológicas para monitoramento e gestão integrada.

1. Planejamento Detalhado de Rotas e Estoque

Uma das principais razões para atrasos e desperdícios em operações offshore é a falta de planejamento detalhado de rotas de transporte e estoque de materiais. Diferentemente de operações onshore, o transporte para locais offshore envolve uma logística complexa que pode ser afetada por fatores como condições meteorológicas, marés, disponibilidade de embarcações e espaço limitado para armazenagem. Por isso, um planejamento cuidadoso das rotas de transporte e do gerenciamento de inventário é essencial para garantir que os materiais necessários estejam disponíveis quando e onde forem necessários.

O planejamento detalhado de rotas envolve a otimização de todos os movimentos de materiais, desde o ponto de origem (como portos, depósitos ou fornecedores) até o destino final (plataformas ou outras instalações offshore). Isso inclui a escolha de rotas mais rápidas e eficientes, a programação adequada das embarcações de transporte e a coordenação de cargas para maximizar a eficiência e reduzir custos. Além disso, é importante considerar fatores sazonais e ambientais, como condições climáticas adversas, que podem impactar o tempo de viagem e a segurança do transporte.

O gerenciamento de estoque, por sua vez, deve ser ajustado para levar em conta as particularidades do ambiente offshore, como espaço de armazenagem limitado, restrições de peso e acesso difícil a materiais. É crucial manter um equilíbrio entre ter estoque suficiente para manter as operações em andamento e evitar o excesso de inventário que ocupe espaço valioso e gere custos desnecessários. Ferramentas como sistemas de inventário just-in-time (JIT) e modelos de previsão de demanda podem ajudar a calcular a quantidade ideal de materiais a serem armazenados e transportados.

2. Gestão Integrada de Transporte e Armazenagem

Uma logística offshore eficiente depende da integração harmoniosa entre transporte, armazenagem e distribuição de materiais. A gestão integrada permite que todas as atividades logísticas sejam coordenadas de forma eficaz, garantindo que os materiais sejam movimentados com precisão e que o armazenamento seja otimizado para suportar a operação. Isso requer processos padronizados, comunicação constante entre as diferentes áreas e uma visão completa de toda a cadeia de suprimentos.

Para otimizar o transporte, é necessário desenvolver processos que conectem de forma eficaz as operações de transporte marítimo, aéreo e terrestre. Isso inclui a escolha das melhores opções de transporte, seja por navios, helicópteros ou embarcações de apoio, com base no tipo de material, urgência e custo. A programação de transporte também é crucial, pois o agendamento adequado garante que os materiais sejam carregados e descarregados no momento certo, evitando esperas desnecessárias e reduzindo custos de viagem.

A armazenagem deve ser tratada como uma extensão natural do transporte, onde os materiais são recebidos, armazenados e distribuídos conforme necessário. A otimização da armazenagem offshore inclui a maximização do espaço de estocagem, a categorização eficiente de materiais e a implementação de sistemas de movimentação que garantam fácil acesso aos itens armazenados. Além disso, o gerenciamento de inventário deve ser dinâmico e flexível, permitindo rápidas adaptações para atender a mudanças nas operações ou demandas inesperadas.

Uma prática recomendada para integração é a criação de equipes multidisciplinares que trabalhem de forma colaborativa para alinhar os processos de transporte e armazenagem. Isso facilita a identificação de gargalos e oportunidades de melhoria, além de permitir uma coordenação mais rápida e eficiente de todos os aspectos da logística offshore.

3. Uso de Ferramentas de Rastreamento em Tempo Real

A adoção de tecnologias de rastreamento e monitoramento em tempo real é uma das estratégias mais eficazes para otimizar a logística em operações offshore. Ferramentas como sistemas de rastreamento por GPS, softwares de gerenciamento de frotas e plataformas de controle de inventário em tempo real oferecem uma visibilidade completa sobre a movimentação de materiais, transporte e armazenamento, permitindo que a equipe de logística tome decisões rápidas e baseadas em dados.

Essas ferramentas de rastreamento ajudam a identificar e resolver problemas antes que eles causem interrupções significativas. Por exemplo, se um navio de transporte estiver atrasado devido a condições climáticas, a equipe de logística pode usar o rastreamento em tempo real para ajustar rapidamente os cronogramas e evitar impactos nas operações. Da mesma forma, se um material estiver prestes a se esgotar no local de operação, o sistema de inventário em tempo real pode gerar alertas automáticos para que o reabastecimento seja feito imediatamente, evitando paradas nas operações.

Além de melhorar a visibilidade e a eficiência, o rastreamento em tempo real também contribui para a redução de desperdícios, como a perda ou dano de materiais durante o transporte ou armazenagem. Ao monitorar o status e a localização de cada item em tempo real, a equipe de logística pode garantir que os materiais estejam sendo movimentados e armazenados corretamente, minimizando riscos e custos adicionais.

A otimização de processos logísticos offshore é fundamental para assegurar a eficiência, a pontualidade e a redução de custos em operações marítimas e de energia. Planejar detalhadamente as rotas e o gerenciamento de estoque, integrar transporte e armazenagem de forma coesa e utilizar ferramentas de rastreamento em tempo real são estratégias práticas que podem transformar a logística offshore de um gargalo para um diferencial competitivo.

Ao adotar essas práticas, as empresas não apenas melhoram a eficiência operacional e reduzem custos, mas também ganham maior controle sobre toda a cadeia de suprimentos. Isso garante que as operações offshore sejam realizadas de forma mais previsível, eficiente e econômica, aumentando a competitividade e a sustentabilidade dos projetos. Em um ambiente onde cada minuto conta e cada movimento tem um custo, a logística otimizada é a chave para o sucesso em operações offshore.

Capítulo 7
Gerenciamento de Riscos na Cadeia de Suprimentos

Marcelo Corrêa Caramez

Em uma cadeia de suprimentos global e complexa, a falta de um gerenciamento adequado de riscos pode resultar em interrupções graves, atrasos e impactos financeiros significativos. Seja por falhas de fornecedores, desastres naturais, questões regulatórias ou até mesmo eventos imprevistos como pandemias, os riscos estão presentes em todas as etapas do processo de suprimentos e podem rapidamente se transformar em problemas críticos se não forem adequadamente gerenciados. Uma abordagem proativa para o gerenciamento de riscos na cadeia de suprimentos é essencial para garantir que as operações sejam resilientes, eficientes e capazes de enfrentar adversidades.

O gerenciamento de riscos na cadeia de suprimentos envolve identificar possíveis vulnerabilidades, avaliar o impacto e a probabilidade desses riscos e criar estratégias eficazes para mitigá-los. A meta é assegurar que, quando ocorrerem interrupções ou eventos inesperados, a empresa esteja preparada para responder rapidamente e manter a continuidade das operações. A seguir, discutiremos três soluções práticas para implementar um gerenciamento de riscos robusto e proativo na cadeia de suprimentos.

1. Mapeamento de Riscos Potenciais

O primeiro passo no gerenciamento de riscos é identificar todas as potenciais ameaças que podem afetar a cadeia de suprimentos. Isso requer um mapeamento detalhado de toda a cadeia, desde fornecedores de matérias-primas até processos de produção, transporte, armazenagem e entrega ao cliente final. Cada etapa apresenta riscos diferentes que devem ser identificados e classificados de acordo com sua probabilidade de ocorrência e impacto potencial.

Os riscos potenciais podem ser amplos e variados, incluindo:

- Riscos de Fornecedores: Problemas de qualidade, falência, atrasos na entrega ou dependência de um único fornecedor.
- Riscos Operacionais: Problemas internos, como falhas de processos, mão de obra insuficiente ou problemas de inventário.
- Riscos Naturais e Ambientais: Desastres naturais como furacões, terremotos, inundações ou condições climáticas extremas que impactam o transporte ou produção.
- Riscos Geopolíticos e Regulamentares: Mudanças políticas, conflitos, sanções comerciais ou alterações em leis e regulamentos que afetam a capacidade de importar/exportar ou operar em determinados mercados.
- Riscos Tecnológicos: Falhas em sistemas de TI, ataques cibernéticos ou problemas de integração de dados que afetam a visibilidade da cadeia de suprimentos.

Após identificar os riscos potenciais, é importante classificá-los em termos de probabilidade e impacto, utilizando uma matriz de risco que permita priorizar aqueles que são mais críticos para a continuidade das operações. Essa análise de riscos é fundamental para criar uma estratégia eficaz de gerenciamento e para orientar as ações de mitigação e prevenção.

2. Desenvolvimento de Planos de Contingência

Uma vez que os riscos tenham sido identificados e classificados, o próximo passo é desenvolver planos de contingência para lidar com essas ameaças de forma rápida e eficaz. Um plano de contingência é uma estratégia previamente preparada para responder a uma interrupção ou evento adverso, minimizando seu impacto e permitindo a retomada rápida das operações.

O desenvolvimento de planos de contingência eficazes requer uma abordagem multifacetada que leve em conta diferentes cenários de risco e inclua ações específicas para cada tipo de ameaça. Alguns exemplos de estratégias de contingência são:

- Desenvolver Estoques de Segurança: Manter níveis estratégicos de estoque para itens críticos, de modo que as operações possam continuar em caso de interrupção no fornecimento.
- Ter Fornecedores Alternativos: Identificar e estabelecer contratos com fornecedores alternativos para garantir a continuidade do fornecimento se o principal fornecedor falhar ou enfrentar problemas.
- Planos de Recuperação para Desastres Naturais: Criar estratégias para responder a desastres naturais, como a redistribuição de recursos, rotas de transporte alternativas ou a realocação de produção para outras instalações.
- Redundância em Sistemas de TI: Implementar backup e recuperação de sistemas críticos para proteger dados e manter a operação logística em funcionamento em caso de falha ou ataque cibernético.

Além disso, é importante que os planos de contingência sejam dinâmicos e revisados periodicamente para assegurar que estejam atualizados e em linha com as operações atuais. Cada plano deve definir claramente os procedimentos a serem seguidos, os responsáveis por cada ação e os recursos necessários para sua execução.

3. Monitoramento Contínuo e Avaliação de Riscos

Gerenciar riscos não é uma tarefa única, mas sim um processo contínuo que exige monitoramento e avaliação constante. Isso significa estabelecer sistemas para acompanhar regularmente a cadeia de suprimentos, analisar potenciais ameaças emergentes e avaliar a eficácia dos planos de contingência existentes. O objetivo é antecipar riscos antes que eles se concretizem e adaptar as estratégias de mitigação conforme necessário.

O uso de tecnologias e ferramentas analíticas pode ser um grande aliado no monitoramento de riscos. Por exemplo, sistemas de gerenciamento de riscos podem ajudar a monitorar o desempenho dos fornecedores em tempo real, acompanhar mudanças regulatórias ou até mesmo prever problemas de transporte com base em análises de dados. Esses sistemas também podem fornecer relatórios e dashboards que ajudam a identificar tendências de risco e fornecer insights para decisões estratégicas.

Além disso, a avaliação regular dos planos de contingência é essencial para garantir sua eficácia. Isso pode ser feito por meio de simulações de risco (como exercícios de mesa ou testes de cenário) que permitam que a equipe avalie a prontidão da organização para lidar com interrupções. Essas simulações ajudam a identificar possíveis lacunas nos planos e fornecem oportunidades para treinar a equipe de suprimentos em resposta rápida a riscos.

O gerenciamento proativo de riscos é uma prática indispensável para proteger a cadeia de suprimentos contra interrupções e garantir a continuidade das operações. O mapeamento de riscos potenciais fornece uma visão clara das ameaças à cadeia de suprimentos, enquanto o desenvolvimento de planos de contingência permite que a empresa esteja preparada para responder de forma eficaz a essas ameaças. O monitoramento contínuo e a avaliação regular de riscos asseguram que as estratégias de gerenciamento sejam dinâmicas e estejam sempre atualizadas.

Em um ambiente de negócios global e incerto, o gerenciamento de riscos se torna um fator competitivo crucial. Empresas que adotam uma abordagem proativa e sistemática para identificar, mitigar e monitorar riscos têm maior capacidade de enfrentar interrupções, manter a eficiência operacional e proteger seus resultados financeiros. A gestão de riscos não deve ser vista apenas como uma ferramenta de prevenção, mas como uma estratégia que agrega resiliência e valor à cadeia de suprimentos, fortalecendo a posição da empresa no mercado.

Capítulo 8
Medição e Análise de Desempenho

Marcelo Corrêa Caramez

Uma cadeia de suprimentos eficiente depende de uma gestão focada em resultados e melhoria contínua. Entretanto, medir e analisar o desempenho na cadeia de suprimentos é um desafio comum para muitas organizações. Sem métricas claras e análises regulares, fica difícil identificar pontos de melhoria, acompanhar o progresso das operações e tomar decisões informadas que impulsionem eficiência e redução de custos. A falta de indicadores de desempenho pode levar a operações ineficientes, gastos desnecessários e uma falta de visibilidade sobre o que realmente está funcionando ou onde os problemas estão ocorrendo.

A medição e análise de desempenho são essenciais para transformar a gestão de suprimentos em uma área estratégica e orientada para resultados. Ao estabelecer indicadores-chave de desempenho (KPIs) e analisar dados de forma regular e sistemática, a empresa pode avaliar a eficácia de seus processos, identificar oportunidades de melhoria e garantir que a cadeia de suprimentos esteja alinhada com os objetivos estratégicos do negócio.

Aqui serão discutidos três elementos essenciais para medir e analisar o desempenho da cadeia de suprimentos: estabelecimento de KPIs, análise regular dos indicadores e um ciclo de feedback para aprimoramento contínuo.

1. Estabelecimento de KPIs para Suprimentos

O primeiro passo para medir o desempenho da cadeia de suprimentos é definir indicadores-chave de desempenho (KPIs) claros e relevantes para a organização. Esses KPIs devem refletir os objetivos estratégicos do negócio e fornecer uma visão abrangente de todas as áreas críticas da cadeia de suprimentos. Os KPIs podem ser divididos em diferentes categorias, dependendo das necessidades específicas da empresa, e podem incluir:

- Custo Total de Suprimentos: Medir o custo total de aquisição de materiais e serviços, incluindo custos de transporte, armazenagem e despesas operacionais. Este KPI é essencial para garantir que a empresa esteja alcançando seus objetivos de redução de custos.
- Lead Time de Compras: Monitorar o tempo necessário para adquirir materiais, desde a solicitação até a entrega. Um lead time longo pode indicar problemas na seleção de fornecedores, atrasos logísticos ou processos internos ineficientes.
- Qualidade dos Materiais: Avaliar a qualidade dos itens adquiridos, considerando fatores como taxa de rejeição, defeitos detectados e conformidade com padrões. Isso ajuda a identificar fornecedores que consistentemente entregam produtos de baixa qualidade.
- Eficiência de Armazenagem: Medir a utilização do espaço de armazenagem e a rotatividade de

inventário para garantir que os materiais estejam sendo estocados de forma eficiente e que não haja excesso ou falta de itens críticos.

- Pontualidade de Entrega: Verificar a porcentagem de entregas realizadas dentro dos prazos estabelecidos, tanto pelos fornecedores quanto pela equipe de suprimentos. Uma baixa taxa de pontualidade pode resultar em interrupções na produção e atrasos na entrega ao cliente final.

É importante que os KPIs sejam específicos, mensuráveis, atingíveis, relevantes e temporais (SMART), permitindo uma avaliação precisa e objetiva do desempenho da cadeia de suprimentos.

2. Análise Regular dos Indicadores de Desempenho

Uma vez que os KPIs foram estabelecidos, é fundamental analisar regularmente esses indicadores para entender como a cadeia de suprimentos está se desempenhando e onde há oportunidades de melhoria. A análise de desempenho deve ser uma prática contínua, e não uma atividade pontual. Essa prática permite que a empresa acompanhe seu progresso ao longo do tempo, identifique tendências e ajuste suas estratégias conforme necessário.

Ferramentas analíticas e dashboards são recursos valiosos para a análise regular de KPIs. Dashboards interativos podem fornecer uma visão consolidada dos indicadores de desempenho em tempo real, facilitando a identificação rápida de áreas problemáticas e auxiliando na tomada de decisões ágeis. Além disso, relatórios periódicos sobre o desempenho da cadeia de suprimentos podem ajudar a fornecer insights sobre o que está funcionando bem e o que precisa ser aprimorado.

A análise também deve envolver comparações com metas estabelecidas, benchmarks do setor e resultados anteriores. Por exemplo, se o objetivo da empresa é reduzir os custos de suprimentos em 15% ao longo do ano, a análise regular deve verificar se esse objetivo está sendo alcançado e quais ações estão contribuindo para esse resultado. Da mesma forma, a comparação com benchmarks do setor pode ajudar a empresa a avaliar seu desempenho em relação a outras empresas similares, identificando práticas de sucesso que podem ser adotadas.

3. Feedback e Melhoria Contínua

Medir e analisar o desempenho só é eficaz se as informações coletadas forem usadas para promover melhorias reais. Portanto, é crucial estabelecer um ciclo de feedback e melhoria contínua na cadeia de suprimentos. Isso significa que os resultados das análises de desempenho devem ser compartilhados com as equipes responsáveis, e ações devem ser tomadas para corrigir problemas, otimizar processos e melhorar a eficiência.

Um ciclo de feedback eficaz inclui reuniões regulares para discutir os KPIs e analisar os resultados. Essas reuniões são uma oportunidade para identificar problemas específicos, debater soluções, definir metas de melhoria e acompanhar o progresso das ações implementadas.

Por exemplo, se o KPI de lead time de compras mostra um aumento no tempo necessário para adquirir materiais, a equipe de suprimentos deve investigar as causas desse aumento e implementar mudanças no processo para resolver o problema.

Além disso, o ciclo de melhoria contínua deve incluir o desenvolvimento de competências e a implementação de novas práticas ou tecnologias que possam melhorar o desempenho da cadeia de suprimentos. Isso pode envolver o treinamento da equipe para desenvolver habilidades analíticas, o uso de ferramentas de automação para agilizar processos ou a adoção de práticas de suprimentos sustentáveis para reduzir custos e impacto ambiental.

A medição e análise de desempenho são elementos fundamentais para o sucesso da cadeia de suprimentos. Ao estabelecer KPIs relevantes e mensuráveis, analisar regularmente esses indicadores e implementar um ciclo de feedback e melhoria contínua, a empresa pode transformar suas operações de suprimentos, alcançando maior eficiência, redução de custos e alinhamento com os objetivos estratégicos.

Uma abordagem sistemática para medir e analisar o desempenho não apenas ajuda a identificar problemas e oportunidades de melhoria, mas também promove uma cultura de responsabilidade e excelência na cadeia de suprimentos. A melhoria contínua torna-se uma parte intrínseca das operações, garantindo que a empresa esteja sempre em busca de melhores práticas e resultados. Isso permite que a cadeia de suprimentos seja ágil, eficiente e capaz de atender às necessidades do negócio em um ambiente competitivo e em constante evolução.

Capítulo 9
Liderança e Gestão de Equipes em Suprimentos

Marcelo Corrêa Caramez

EXCELÊNCIA EM SUPRIMENTOS

Uma cadeia de suprimentos eficaz não depende apenas de processos otimizados, ferramentas tecnológicas avançadas e metodologias modernas de gestão. O fator humano é, muitas vezes, a peça-chave para alcançar o sucesso em qualquer operação de suprimentos. A liderança e a gestão de equipes são fundamentais para criar uma cultura de excelência, garantir o engajamento dos profissionais envolvidos e promover a eficiência nos processos. Sem uma liderança forte e uma equipe bem gerenciada, mesmo as melhores estratégias e tecnologias não conseguem atingir todo o seu potencial.

A falta de liderança e coordenação eficaz na área de suprimentos pode resultar em baixa eficiência, desalinhamento estratégico e problemas de comunicação, o que afeta diretamente a capacidade de responder às demandas do negócio e entregar resultados consistentes. Para que uma equipe de suprimentos opere de forma eficiente e alinhada com os objetivos organizacionais, é necessário desenvolver habilidades de liderança e gestão que motivem, orientem e capacitem os membros da equipe para atuar em um ambiente dinâmico e desafiador.

Neste capítulo, discutiremos três estratégias práticas para fortalecer a liderança e a gestão de equipes de suprimentos, visando desenvolver uma equipe altamente eficaz, engajada e orientada para resultados: desenvolvimento de competências de liderança, formação de times multifuncionais e criação de uma cultura de melhoria contínua.

1. Desenvolvimento de Competências de Liderança

A liderança em suprimentos exige mais do que habilidades técnicas e conhecimento sobre processos logísticos. Um líder eficaz precisa ser capaz de inspirar, orientar e desenvolver sua equipe para que todos possam contribuir de forma significativa para o sucesso da operação. Competências como comunicação eficaz, tomada de decisão, resolução de conflitos, empatia e visão estratégica são essenciais para liderar uma equipe de suprimentos com sucesso.

Um aspecto crítico do desenvolvimento de líderes é capacitá-los para a tomada de decisão rápida e informada. Na gestão de suprimentos, as situações podem mudar rapidamente, e o líder deve ser capaz de analisar cenários, avaliar riscos e agir de forma assertiva. Isso pode envolver decisões sobre fornecedores, gestão de estoques, processos logísticos ou resposta a crises. Portanto, o líder precisa ter uma visão global do negócio e entender como as atividades de suprimentos se conectam com os objetivos estratégicos da organização.

Além disso, líderes de suprimentos devem ser bons comunicadores. A comunicação clara e eficaz é fundamental para manter todos os membros da equipe informados, alinhados e engajados. Isso inclui fornecer feedback regular sobre o desempenho, definir metas claras e compartilhar informações importantes sobre projetos e processos. Uma comunicação aberta também cria um ambiente onde os membros da equipe se sentem à vontade para compartilhar ideias, fazer perguntas e levantar preocupações, o que contribui para a melhoria contínua.

2. Criação de Times Multifuncionais

A cadeia de suprimentos é uma área multifacetada que envolve várias etapas e processos que se interconectam. Para maximizar a eficiência e a eficácia, é importante que as equipes de suprimentos sejam multifuncionais, ou seja, formadas por profissionais com diferentes habilidades e conhecimentos, capazes de trabalhar em conjunto para atingir os objetivos organizacionais.

Ter uma equipe multifuncional significa integrar membros de diferentes áreas, como compras, logística, finanças, qualidade e TI, para garantir uma abordagem holística e coordenada dos processos de suprimentos. Por exemplo, ao planejar uma aquisição de materiais, a equipe multifuncional pode considerar não apenas o custo e a disponibilidade, mas também o impacto financeiro, a logística de transporte, os padrões de qualidade e as necessidades tecnológicas para garantir uma operação fluida.

Essa abordagem promove uma maior colaboração e facilita a resolução de problemas, uma vez que os membros da equipe trazem perspectivas variadas e complementares. A equipe pode trabalhar de forma mais eficiente para identificar gargalos, propor soluções inovadoras e implementar melhorias nos processos de suprimentos. Além disso, times multifuncionais ajudam a quebrar silos organizacionais e garantem que todos os departamentos estejam trabalhando de forma alinhada para alcançar os objetivos comuns.

Para que essa integração seja eficaz, o líder da equipe de suprimentos precisa promover um ambiente de trabalho colaborativo, onde a troca de informações e a comunicação entre as diferentes funções sejam incentivadas. Isso pode ser feito através de reuniões regulares, workshops de integração e a implementação de plataformas de colaboração online.

3. Cultura de Melhoria Contínua

Uma cultura de melhoria contínua é essencial para que as equipes de suprimentos estejam sempre buscando formas de aprimorar processos, reduzir custos e aumentar a eficiência. Isso significa criar uma mentalidade de aprendizado constante, onde os membros da equipe estão sempre abertos a novas ideias, práticas e tecnologias que possam melhorar o desempenho da cadeia de suprimentos.

Para promover essa cultura, o líder deve incentivar a equipe a identificar áreas de melhoria e propor soluções inovadoras. Por exemplo, se um membro da equipe de logística percebe que uma determinada rota de transporte é ineficiente, ele deve ser incentivado a compartilhar essa informação e a colaborar com a equipe para encontrar alternativas mais eficientes. Da mesma forma, se uma equipe de compras identifica um fornecedor mais competitivo ou uma nova estratégia de negociação, essa informação deve ser discutida e considerada para implementação.

Além disso, o ciclo de feedback desempenha um papel importante na melhoria contínua. O líder deve fornecer feedback regular sobre o desempenho da equipe e estabelecer metas de aprimoramento claras e mensuráveis. O uso de indicadores de desempenho (KPIs) é uma ferramenta valiosa para avaliar a eficiência e a eficácia das operações de suprimentos e para medir o progresso em relação às metas estabelecidas.

A melhoria contínua também pode ser promovida por meio do desenvolvimento de competências e treinamento da equipe. A realização de workshops, programas de capacitação e treinamentos específicos para a área de suprimentos ajuda os profissionais a se manterem atualizados sobre as melhores práticas do mercado e as últimas tendências em gestão de suprimentos.

A liderança e a gestão de equipes em suprimentos são componentes críticos para o sucesso da cadeia de suprimentos. O desenvolvimento de competências de liderança, a formação de equipes multifuncionais e a promoção de uma cultura de melhoria contínua são estratégias práticas que ajudam a criar um ambiente de trabalho colaborativo, eficiente e orientado para resultados. Líderes eficazes inspiram e motivam suas equipes, garantem a comunicação aberta e trabalham para desenvolver as habilidades necessárias para enfrentar os desafios de um ambiente dinâmico e em constante evolução.

Uma equipe de suprimentos bem liderada e gerenciada é capaz de identificar oportunidades, resolver problemas de forma ágil e trabalhar em conjunto para alcançar a excelência operacional. A liderança forte e a gestão de equipes eficazes criam uma base sólida para que a cadeia de suprimentos atinja seu potencial máximo, fornecendo suporte estratégico para a organização como um todo e garantindo que as operações sejam realizadas de forma eficiente, eficaz e alinhada aos objetivos de negócios.

Capítulo 10
Sustentabilidade e Responsabilidade na Cadeia de Suprimentos

Marcelo Corrêa Caramez

A crescente pressão por sustentabilidade e responsabilidade social está transformando as expectativas e práticas na cadeia de suprimentos. As empresas precisam adaptar suas operações para cumprir regulamentos ambientais, padrões sociais e a demanda por transparência vinda de consumidores e investidores. Incorporar práticas sustentáveis e socialmente responsáveis não é mais uma vantagem opcional; tornou-se uma necessidade competitiva e estratégica para garantir a viabilidade do negócio a longo prazo.

A cadeia de suprimentos é um dos principais campos onde a sustentabilidade pode ser promovida de maneira significativa. Desde a seleção de fornecedores até a entrega final do produto ou serviço, cada etapa apresenta oportunidades para práticas mais responsáveis e eficientes. A seguir, detalhamos estratégias práticas para construir uma cadeia de suprimentos que equilibre eficiência operacional com sustentabilidade e responsabilidade social.

1. Implementação de Critérios de Sustentabilidade na Seleção de Fornecedores

Um dos primeiros passos para integrar a sustentabilidade na cadeia de suprimentos é incorporar critérios sustentáveis ao selecionar fornecedores. Isso implica priorizar parceiros que adotam práticas como uso eficiente de energia e água, redução de resíduos, tratamento justo de trabalhadores e conformidade com normas ambientais. Não basta escolher fornecedores com base apenas no preço; é necessário avaliar sua política de sustentabilidade, práticas de produção e impactos sociais.

Processos de avaliação e certificação podem ser implementados para garantir que todos os fornecedores estejam alinhados com os objetivos de sustentabilidade da empresa. Auditorias periódicas e a exigência de certificações internacionais (como ISO 14001 para gestão ambiental) são ferramentas eficazes para verificar a conformidade e identificar oportunidades de melhoria contínua. O resultado é uma cadeia de suprimentos mais resiliente e alinhada com os valores e metas da empresa.

2. Redução de Desperdícios e Otimização de Recursos

A redução de desperdícios e a otimização de recursos são componentes centrais de uma cadeia de suprimentos sustentável. Isso pode ser alcançado, por exemplo, por meio do uso de embalagens recicláveis ou reutilizáveis, o que reduz a quantidade de resíduos gerados e os custos de descarte. Políticas de redução de resíduos, como o design de produtos que utilizem menos materiais ou a adoção de processos produtivos mais eficientes, também são passos importantes.

Além disso, otimizar o transporte e a logística para minimizar a pegada de carbono é uma estratégia essencial. Isso inclui consolidar cargas para reduzir viagens, escolher rotas de transporte mais eficientes e adotar veículos movidos a combustíveis alternativos ou com baixo consumo de energia. O conceito de economia circular pode ser especialmente útil nesse contexto, uma vez que promove o reuso, a reciclagem e a recuperação de materiais em todas as etapas da cadeia de suprimentos.

3. Relatórios de Sustentabilidade e Conformidade

A transparência é fundamental para ganhar a confiança dos stakeholders e demonstrar o compromisso da empresa com a sustentabilidade. Relatórios de sustentabilidade detalham os esforços da empresa para gerenciar seus impactos ambientais e sociais, permitindo que clientes, investidores e reguladores avaliem o desempenho da organização em relação a padrões e metas estabelecidos.

Esses relatórios devem ser claros e objetivos, fornecendo dados sobre aspectos como emissões de carbono, consumo de energia, políticas de resíduos, práticas de responsabilidade social e objetivos futuros de sustentabilidade. A publicação regular desses relatórios não apenas demonstra compromisso, mas também ajuda a identificar áreas de melhoria, fortalecer a reputação da empresa e promover uma cultura de transparência e responsabilidade.

4. Engajamento com a Comunidade e Stakeholders

A sustentabilidade vai além das operações internas da empresa; ela deve considerar o impacto na comunidade local e outros stakeholders. Estabelecer um diálogo aberto com comunidades, ONGs, reguladores e outras partes interessadas é essencial para entender expectativas, preocupações e oportunidades relacionadas à sustentabilidade. O engajamento com stakeholders cria um ambiente colaborativo para resolver questões socioambientais e construir uma cadeia de suprimentos mais responsável.

Esse diálogo pode incluir consultas públicas, parcerias com organizações locais para promover programas sociais ou ambientais, e a participação em fóruns ou grupos de trabalho dedicados à sustentabilidade. Através desse engajamento, a empresa pode identificar riscos e oportunidades que talvez não fossem aparentes apenas pela análise interna, além de reforçar sua reputação como uma organização comprometida com o desenvolvimento sustentável e a responsabilidade social.

5. Desenvolvimento de Programas de Melhoria Contínua em Sustentabilidade

A sustentabilidade é um processo dinâmico que deve evoluir conforme a empresa cresce e as expectativas de mercado mudam. Programas de melhoria contínua em sustentabilidade são uma maneira eficaz de manter a empresa atualizada e garantir que as práticas de sustentabilidade estejam sempre alinhadas com as melhores práticas do setor. Esses programas podem incluir iniciativas internas para incentivar funcionários a adotar comportamentos sustentáveis, como a redução do uso de papel, economia de energia e reciclagem.

Também é importante incluir fornecedores nesses programas de melhoria contínua, estabelecendo metas de sustentabilidade para eles e oferecendo suporte para que alcancem essas metas. Por exemplo, a empresa pode fornecer treinamento sobre práticas sustentáveis, ajudar os fornecedores a implementar tecnologias mais eficientes ou criar incentivos para premiar os parceiros que apresentarem melhorias significativas em suas práticas ambientais e sociais.

Incorporar práticas de sustentabilidade e responsabilidade social na cadeia de suprimentos não é apenas uma resposta às expectativas regulatórias e de mercado; é uma estratégia que agrega valor ao negócio. Ao priorizar fornecedores que adotam práticas sustentáveis, reduzir desperdícios e otimizar recursos, criar relatórios transparentes, envolver stakeholders e promover uma melhoria contínua, as empresas conseguem construir cadeias de suprimentos resilientes, eficientes e responsáveis.

Essas práticas não apenas reduzem custos e riscos, mas também fortalecem a marca, criam valor para clientes e investidores e contribuem para o bem-estar da sociedade e do meio ambiente. A sustentabilidade na cadeia de suprimentos é, portanto, uma abordagem estratégica para construir uma operação eficiente, competitiva e orientada para o futuro, trazendo benefícios a longo prazo tanto para o negócio quanto para o planeta.

Conclusão

Marcelo Corrêa Caramez

A jornada que percorremos ao longo deste livro evidenciou como a gestão de suprimentos evoluiu de uma função puramente operacional para um componente estratégico vital para o sucesso das organizações modernas. Em um mundo cada vez mais globalizado, complexo e interconectado, a excelência em suprimentos tornou-se uma vantagem competitiva essencial para empresas que desejam se destacar no mercado, otimizar seus custos, aprimorar processos e promover a responsabilidade social e a sustentabilidade. As práticas, conceitos e estratégias explorados ao longo dos capítulos oferecem não apenas insights valiosos, mas também diretrizes práticas para transformar a cadeia de suprimentos em um diferencial estratégico, capaz de criar valor e apoiar a sustentabilidade econômica, social e ambiental.

Um dos principais aprendizados é a importância de uma **abordagem estratégica integrada** na cadeia de suprimentos. O sucesso nessa área depende de uma visão global que considere não apenas o custo imediato dos materiais ou serviços, mas também como cada decisão afeta a eficiência operacional, a qualidade dos produtos, a satisfação dos clientes e o cumprimento de objetivos organizacionais. Uma abordagem estratégica implica planejar e coordenar todas as atividades de suprimentos de forma alinhada com a missão e os objetivos de longo prazo da empresa, garantindo que a cadeia de suprimentos atue como um pilar de suporte para o crescimento sustentável e a competitividade.

Outro aspecto fundamental destacado foi o papel das **tecnologias inovadoras** como aceleradores de eficiência e transformação. Tecnologias como automação de processos, inteligência artificial, análise preditiva de dados e sistemas de rastreamento em tempo real estão remodelando a maneira como as cadeias de suprimentos são gerenciadas. Essas ferramentas oferecem um potencial inestimável para melhorar a precisão dos pedidos, otimizar os estoques, reduzir o tempo de entrega e tomar decisões baseadas em dados confiáveis. A digitalização e a integração de sistemas de TI oferecem visibilidade de ponta a ponta na cadeia de suprimentos, permitindo identificar gargalos, antecipar riscos e reagir rapidamente a alterações na demanda ou nos cenários de mercado. Adotar e investir nessas tecnologias é, sem dúvida, um dos caminhos mais promissores para tornar as operações de suprimentos mais eficientes e resilientes.

O desenvolvimento de **relações sólidas e colaborativas com fornecedores** também foi um tema central. A seleção criteriosa de parceiros que compartilham dos valores e objetivos da empresa é crucial para garantir qualidade, confiabilidade e alinhamento estratégico. Mas além de escolher os parceiros certos, é essencial cultivar relações de longo prazo baseadas na confiança, transparência e na busca de benefícios mútuos. Ao trabalhar em parceria com os fornecedores, as empresas podem implementar melhorias contínuas, negociar condições vantajosas e desenvolver soluções inovadoras que aprimorem não apenas a cadeia de suprimentos, mas também o produto final e a experiência do cliente. Colaborações duradouras ajudam a criar uma cadeia de suprimentos mais flexível, capaz de se adaptar a mudanças e superar desafios com agilidade.

Gerenciamento de custos foi outro tema amplamente discutido, com destaque para a aplicação de métodos como o Custeio Baseado em Atividades (ABC) para entender a distribuição de custos e identificar oportunidades de redução de despesas. O controle rigoroso dos custos é essencial para melhorar as margens de lucro, aumentar a competitividade e garantir a sustentabilidade econômica dos projetos. A eficiência na alocação de recursos e o redirecionamento de investimentos para atividades que agreguem maior valor à operação são práticas fundamentais para que a gestão de suprimentos não seja apenas uma área de suporte, mas também um motor para o desempenho financeiro da empresa.

A otimização de processos logísticos, especialmente em operações offshore ou de alta complexidade, demonstrou ser uma área de grande potencial para aprimoramento e inovação. Desde o planejamento detalhado de rotas até a gestão integrada de transporte e armazenagem, a logística tem um papel vital para garantir que os materiais cheguem ao local certo, na hora certa e com o menor custo possível. O uso de ferramentas de rastreamento em tempo real e de sistemas integrados permite que as operações logísticas sejam mais eficientes, reduzindo atrasos, desperdícios e custos, além de contribuir para a sustentabilidade da cadeia de suprimentos ao minimizar a pegada de carbono.

Outro ponto de destaque foi a **gestão de riscos na cadeia de suprimentos.** Em um cenário de negócios em constante evolução, com mudanças regulatórias, flutuações de mercado e eventos imprevisíveis como desastres naturais ou crises globais, é essencial que as empresas identifiquem, avaliem e preparem planos de contingência para mitigar riscos. Uma abordagem proativa de gerenciamento de riscos fortalece a resiliência da cadeia de suprimentos, garantindo que, independentemente dos desafios, a continuidade das operações seja preservada e os impactos negativos sejam minimizados.

Além disso, **medição e análise de desempenho** foram identificadas como práticas indispensáveis para uma gestão de suprimentos orientada para resultados. A definição de KPIs (indicadores-chave de desempenho) relevantes e mensuráveis é essencial para avaliar a eficácia dos processos, identificar oportunidades de melhoria e garantir que as operações estejam alinhadas com as metas estratégicas. O uso de ferramentas analíticas e dashboards que forneçam uma visão consolidada do desempenho em tempo real contribui para uma tomada de decisões mais ágil e informada, promovendo uma cultura de melhoria contínua.

Finalmente, a **sustentabilidade e responsabilidade social** emergem como temas centrais para o futuro da gestão de suprimentos. Em um ambiente de negócios cada vez mais voltado para práticas sustentáveis, as empresas precisam integrar considerações ambientais e sociais em suas operações. Isso inclui escolher fornecedores que sigam práticas responsáveis, reduzir desperdícios, otimizar o uso de recursos e engajar-se em ações que promovam o bem-estar das comunidades locais e a preservação do meio ambiente. A sustentabilidade, além de ser uma responsabilidade corporativa, é também uma oportunidade para inovar, reduzir custos e agregar valor à marca.

Oportunidades Futuras: Olhando para o futuro, o setor de suprimentos continuará a evoluir, impulsionado por avanços tecnológicos, demandas por sustentabilidade e mudanças nas expectativas dos consumidores. Aquelas empresas que adotarem uma abordagem estratégica, desenvolverem relações sólidas com fornecedores, gerenciarem riscos de forma eficaz e investirem em tecnologias inovadoras estarão melhor posicionadas para aproveitar essas oportunidades e prosperar em um ambiente de negócios dinâmico e desafiador.

É encorajador ver que, apesar dos desafios, as oportunidades para a gestão de suprimentos são vastas e promissoras. As estratégias apresentadas ao longo deste livro oferecem uma base sólida para que profissionais e empresas implementem mudanças significativas, aprimorem suas operações e se adaptem a um cenário de suprimentos em constante transformação. A busca pela excelência em suprimentos é um processo contínuo de aprendizado, adaptação e inovação, que visa não apenas a eficiência operacional e a redução de custos, mas também a promoção da responsabilidade social e o sucesso sustentável.

Com uma abordagem proativa e estratégica, a cadeia de suprimentos pode ser transformada de um simples processo de aquisição de materiais em uma fonte de valor e vantagem competitiva para a empresa, garantindo que o negócio seja eficiente, resiliente e preparado para o futuro. O convite é para que os leitores implementem as práticas recomendadas, adotem uma mentalidade de melhoria contínua e se comprometam com uma gestão de suprimentos orientada para resultados, eficiência e responsabilidade. Essa é a chave para alcançar a verdadeira excelência em suprimentos e impulsionar o sucesso sustentável das operações.

www.ingramcontent.com/pod-product-compliance
Lightning Source LLC
Chambersburg PA
CBHW070147230526
45471CB00002B/549